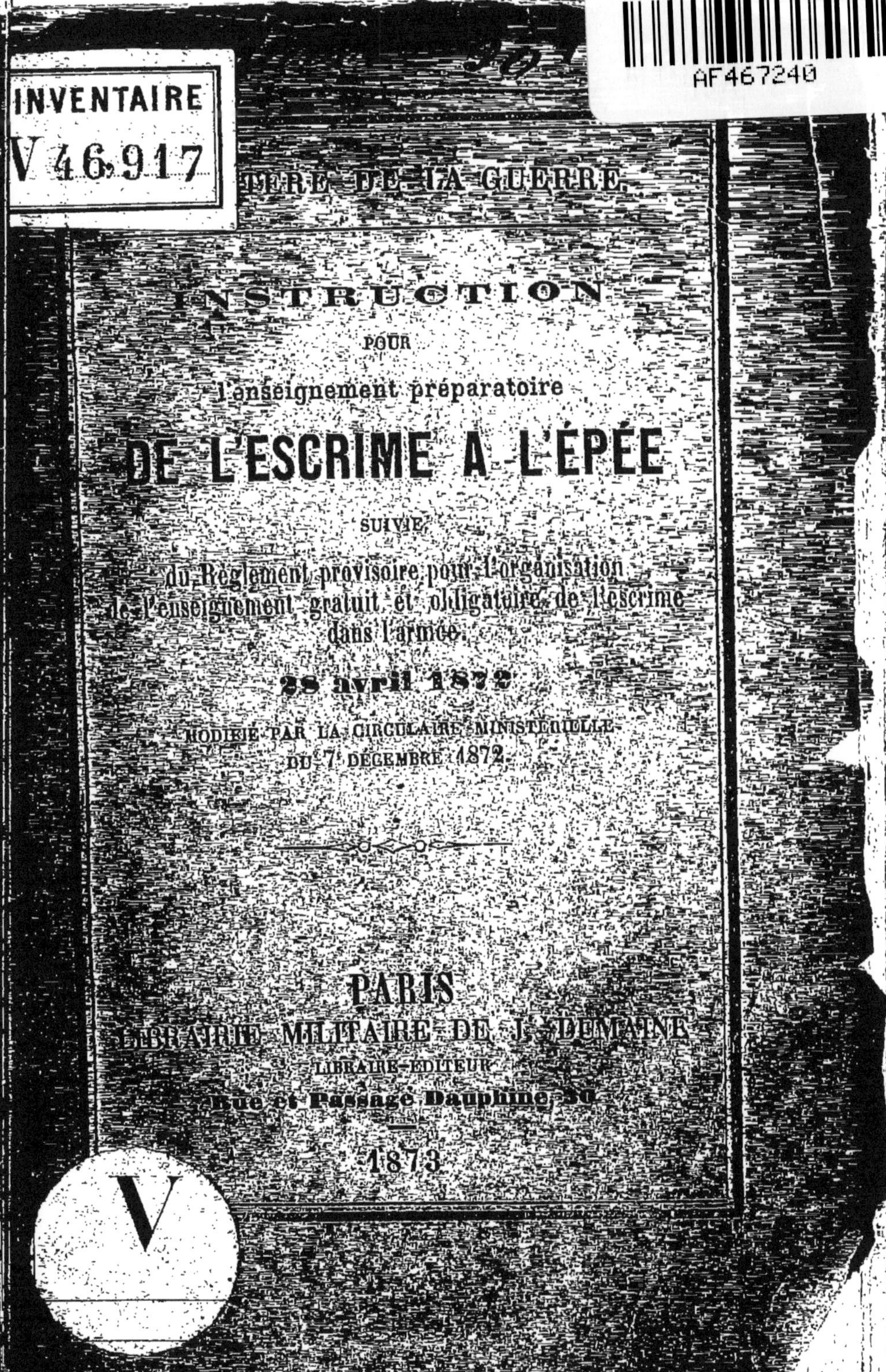

TÈRE DE LA GUERRE

INSTRUCTION

POUR

l'enseignement préparatoire

DE L'ESCRIME A L'ÉPÉE

SUIVIE

du Règlement provisoire pour l'organisation de l'enseignement gratuit et obligatoire de l'escrime dans l'armée.

28 avril 1872

MODIFIÉE PAR LA CIRCULAIRE MINISTÉRIELLE DU 7 DÉCEMBRE 1872.

PARIS
LIBRAIRIE MILITAIRE DE J. DUMAINE
LIBRAIRE-ÉDITEUR
Rue et Passage Dauphine, 30

1873

INSTRUCTION

POUR

l'enseignement préparatoire

DE L'ESCRIME A L'ÉPÉE.

Paris.—Impr. de J.^e Dumaine, r. Christine, 2.

MINISTÈRE DE LA GUERRE.

INSTRUCTION

POUR

l'enseignement préparatoire

DE L'ESCRIME A L'ÉPÉE

SUIVIE

du Règlement provisoire pour l'organisation de l'enseignement gratuit et obligatoire de l'escrime dans l'armée.

28 avril 1872

MODIFIÉ PAR LA CIRCULAIRE MINISTÉRIELLE DU 7 DÉCEMBRE 1872.

PARIS
LIBRAIRIE MILITAIRE DE J. DUMAINE
LIBRAIRE-ÉDITEUR
Rue et Passage Dauphine, 30

1873

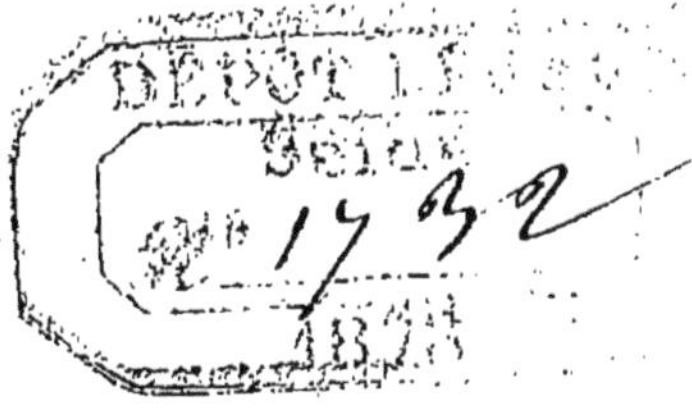

AVANT-PROPOS

Cette instruction ne renferme que les notions élémentaires d'escrime; elle est destinée à assouplir le soldat et à lui enseigner les règles, de manière qu'il puisse se perfectionner plus rapidement à la salle d'armes, si son goût et son aptitude l'y conduisent plus tard.

Les leçons sont enseignées à l'aide d'un fleuret-baguette : aussi a-t-on dû écarter de cette instruction les exercices susceptibles d'occasionner des accidents.

On évitera toute espèce de danger en suivant exactement ce qui est prescrit.

L'élève attendra toujours le commandement de l'instructeur, afin de prévenir dans l'exécution toute surprise grave.

L'instructeur, de son côté, prendra l'habitude, pendant les leçons, de conserver sa main gauche, la paume en avant à hauteur du menton, afin d'être prêt à détourner de ses yeux la baguette de l'élève, quand ce dernier se relève après s'être fendu.

Chaque homme recevra pour première mise un fleuret-baguette dont il deviendra responsable.

Pour conserver ce fleuret, il est surtout recommandé :

De n'en faire usage qu'aux leçons;

De ne point enlever l'écorce de la baguette;

De la faire séjourner quelque temps dans l'eau quand elle est trop sèche;

De la soutenir à son extrémité avec les doigts pour l'emmancher, au lieu de frapper la poignée à terre.

De ne la redresser pendant les séances qu'avec les mains et avec précaution.

Enfin, de ne donner aux coups droits, pendant les leçons, qu'une extension modérée en évitant la roideur de l'épaule ou toute secousse brusque.

ESCRIME A L'ÉPÉE.

1. L'escrime à l'épée comprend : l'enseignement simultané, l'enseignement au plastron, le mur et les assauts.

2. L'enseignement simultané a pour but d'accélérer les résultats à obtenir au plastron, en assouplissant préalablement l'élève.

3. L'enseignement au plastron a pour but d'apprendre à l'élève à diriger son épée dans l'attaque et la défense.

4. Le mur comprend quelques coups et parades de convention, qui précèdent l'assaut.

5. L'assaut est le résumé et l'application des leçons ; il ne peut être autorisé sans masques.

6. L'enseignement de l'escrime à l'épée est divisé en deux parties.

7. Chaque partie est divisée en cinq leçons ainsi qu'il suit :

PREMIÈRE PARTIE.

1re *leçon*. — Mise en garde.
2e *leçon*. — Marcher et rompre.
3e *leçon*. — Mouvements du bras droit.
4e *leçon*. — Mouvements des jambes.
5e *leçon*. — Mouvements réunis des bras et des jambes.

DEUXIÈME PARTIE.

PREMIÈRE PARTIE.

8. Cette première partie de l'enseignement de l'escrime à l'épée pourra être démontrée à plusieurs hommes en même temps. On donnera à un instructeur dix ou douze hommes qu'il placera sur un rang et à un pas de distance l'un de l'autre.

1re LEÇON.

MISE EN GARDE.

9. L'homme étant dans la position du soldat sans armes, l'instructeur commandera :

1. Garde a vous.

A ce commandement, faire un demi-à-gauche, les pieds se plaçant en équerre sans désunir les talons, et tenir l'épée de la manière suivante :

La poignée de l'épée dans la main droite, le pouce allongé en dessus et touchant presque la lunette, les quatre autres doigts réunis en dessous et serrant légèrement la poignée, le bras droit allongé en avant, la pointe de l'épée à environ huit centimètres de terre.

Il commandera ensuite :

2. Élevez l'épée.

10. Élever l'épée de la main droite, le bras allongé, la main à hauteur des yeux, l'épée dans le prolongement du bras (fig. 2).

3. Ployez le bras droit.

11. Ployer la saignée du bras droit de manière que la main soit à hauteur du teton droit, le coude à environ seize centimètres en avant du corps, la pointe de l'épée à hauteur de l'œil (fig. 3).

4. Levez le bras gauche.

12. Lever le bras gauche en l'arrondissant, la main cintrée et placée en arrière et à hauteur du sommet de la tête, le pouce légèrement détaché des autres doigts (fig. 4).

5. Fléchissez.

13. Fléchir sur les deux jambes, en écartant les deux genoux, le corps d'aplomb sur les hanches (fig. 5).

6. Avancez le pied.

14. Porter le poids du corps sur la jambe gauche, allonger la jambe droite en avant et de toute sa longueur, poser le pied à plat sur le sol et sur le prolongement du talon gauche, avancer

le genou droit de manière qu'il devienne perpendiculaire au milieu du pied (fig. 6 et 7).

Observations relatives à la mise en garde.

15. L'instructeur s'attachera à donner aux hommes un parfait équilibre, et, à cet effet, il veillera à ce que les pieds ne se croisent pas, à ce que le corps soit droit, d'aplomb sur les deux hanches et sans raideur, à ce que les épaules soient bien effacées et un peu ouvertes ; enfin, à ce que la position du bras et de la main droite ne soit pas dérangée, ce qui arrive toujours dans les commencements.

16. Il fera souvent reposer les hommes, en commandant REPOS ; et s'attachera à leur rendre la position de la garde si naturelle et si facile qu'ils puissent la conserver longtemps et sans fatigue.

2e LEÇON.

MARCHER ET ROMPRE.

17. Les hommes étant bien affermis dans la position de la garde, l'instructeur leur apprendra à marcher et à rompre ; à cet effet, il commandera :

1. MARCHEZ.

18. Marcher du pied droit 33 centimètres, sans déranger la position du corps ni celle de l'épée, faire suivre aussitôt le pied gauche à sa distance.

1. ROMPEZ.

19. Rompre du pied gauche 33 centimètres en arrière, sans déranger la position du corps ni celle de l'épée, ramener aussitôt le pied droit à 33 centimètres en arrière.

20. Afin de s'assurer que les hommes conservent un bon équilibre en marchant et en rompant, l'instructeur commandera :

1. DEUX APPELS.

21. Frapper légèrement le sol deux fois de suite avec le pied droit, le corps portant sur la jambe gauche.

22. Lorsque l'instructeur voudra faire reposer sans cesser la leçon, il enseignera à rassembler en avant et en arrière, et il commandera :

1. RASSEMBLEZ EN AVANT.

23. Rapporter le talon gauche contre le talon droit en se redressant, élever le bras droit comme au deuxième mouvement de *la garde* (10), et laisser tomber la main gauche dans le rang.

1. RASSEMBLEZ EN ARRIÈRE.

24. Rapporter le talon droit contre le talon gauche en se redressant, élever le bras droit comme au deuxième mouvement de *la garde* (10), et laisser tomber la main gauche dans le rang. Lorsque l'instructeur voudra faire cesser la leçon, après avoir fait rassembler en avant et en arrière, il commandera : *Repos.*

3e LEÇON.

MOUVEMENTS DU BRAS DROIT.

25. Les hommes étant en garde, l'instructeur commandera :

1. DÉPLOYEZ LE BRAS.

26. Allonger le bras droit de toute sa longueur sans faire agir l'épaule, la main à hauteur du menton, la pointe de l'épée légèrement baissée et à hauteur du teton droit, le corps restant immobile (fig. 8).

EN GARDE.

27. Ployer l'avant-bras et reprendre la position de la *garde* (14).

28. Cet exercice ayant pour but d'assouplir le bras et d'éviter la roideur de l'épaule si commune aux commençants, pour obtenir ce résultat, l'instructeur veillera surtout à ce que le corps ne suive pas le mouvement du bras quand il s'allonge ou se ploie.

4e LEÇON.

MOUVEMENTS DES JAMBES.

29. Les hommes ayant le bras déployé (26) l'instructeur commandera :

1. FENDEZ-VOUS.

30. Tendre vivement le jarret gauche, porter en même temps le pied droit en avant, le talon sur le prolongement du talon gauche, le pied passant près du sol, poser le pied à plat, de manière que le genou droit soit en dehors et perpendiculaire au milieu du pied droit, le corps d'aplomb ; laisser tomber en même temps le bras gauche, le long et à 16 centimètres de la cuisse, les doigts de la main allongés et joints, le pouce détaché, la tête droite, les yeux fixés sur la pointe de l'épée (fig. 9).

31. L'instructeur, voulant faire reprendre la garde, commandera :

2. En garde.

32. Se relever en portant vivement le poids du corps sur le pied gauche et reprendre la position de la garde.

Observations.

33. Les hommes ayant l'habitude, dans les commencements, d'abandonner le corps en se fendant et de baisser la tête, l'instructeur devra surveiller avec attention la position du corps et celle de l'épaule gauche, qui doit être bien effacée; il devra également faire observer aux hommes de ne pas trop se fendre, de conserver toujours le pied gauche à plat, sans cela ils ne pourraient plus se relever vivement.

34. Afin de s'assurer que les hommes portent bien le poids du corps sur la jambe gauche, l'instructeur leur fera faire deux appels de pied avant de se fendre.

5e LEÇON.

MOUVEMENTS RÉUNIS DES BRAS ET DES JAMBES.

35. L'instructeur, voyant les hommes parfaitement assurés dans la pratique des mouvements des quatre leçons précédentes, leur fera réunir tous ces mouvements, ainsi qu'il suit :

1. Marchez (*ou* rompez) (18, 19).
2. Déployez le bras (26).
3. En garde (27).

ou bien : 1. Marchez (*ou* rompez) (18, 19).
2. Déployez le bras (26).
3. Fendez-vous (30).
4. En garde (31).

ou bien : 1. Déployez le bras (26).
2. Marchez (*ou* rompez) (18, 19).
3. Fendez-vous (30).
4. En garde (31).

DEUXIÈME PARTIE.

36. La deuxième partie sera enseignée homme par homme; mais quand la 1re et la 2e leçon auront été parcourues l'instructeur pourra les faire répéter d'une manière simultanée et à son commandement par les hommes placés sur deux rangs, se faisant face, et remplissant alternativement le rôle d'instructeur.

1re LEÇON.

Définition des lignes et engagements.

37. L'homme étant en *garde*, l'instructeur lui apprendra à connaître les lignes de la manière suivante :

Ligne de tierce. — L'espace du corps à droite de son épée ;

Ligne de quarte. — L'espace du corps à gauche de son épée ;

Ligne haute. — Toute la partie du corps au-dessus de son poignet ;

Ligne basse. — Toute la partie du corps au-dessous de son poignet (fig. 10).

38. Lorsque l'homme connaîtra bien les quatre lignes par rapport à lui-même, il les définira d'après la position de l'instructeur placé en garde et vis-à-vis lui.

39. Les différentes lignes étant connues, l'instructeur s'attachera à faire comprendre à l'homme que, si une épée joint la sienne vis-à-vis la partie droite de son corps, il est *engagé* dans la ligne de *tierce*; que, si une épée joint la sienne vis-à-vis la partie gauche de son corps, il est *engagé* dans la ligne de *quarte*.

40. Afin de s'assurer que l'homme sait distinguer dans quelle ligne il est *engagé*, l'instructeur passera son épée par-dessous la sienne pour changer l'engagement, et, joignant le fer, il demandera à l'homme dans quelle ligne il est engagé de nouveau.

41. L'instructeur changera plusieurs fois de suite l'engagement.

Observations relatives à l'engagement.

42. L'instructeur s'attachera avec le plus grand soin, en formant l'engagement, à faire appuyer le poignet de l'homme à *droite* ou à *gauche*, de manière à l'obliger à *se garantir*, à *se couvrir*, et à *fermer la ligne de tierce ou de quarte*.

2e LEÇON.

INSTRUCTION ÉLÉMENTAIRE ET ATTAQUES DIVERSES DANS LES DEUX LIGNES QUARTE ET TIERCE.

1° INSTRUCTION ÉLÉMENTAIRE.

Ligne de quarte.

1er *Exercice.* = COUP DROIT.

43. L'instructeur, ayant placé l'homme en garde devant lui et *engagé en tierce*, lui enseignera à toucher par le coup droit ; à cet effet, il commandera :

1. ENGAGEZ L'ÉPÉE.
2. DÉPLOYEZ LE BRAS.
3. FENDEZ-VOUS.
4. EN GARDE.

44. Au premier commandement, baisser la pointe de l'épée, la passer par la ligne la plus courte par-dessous celle de l'instructeur et joindre le fer en portant le poignet un peu à gauche, pour se couvrir.

Au deuxième commandement, déployer le bras comme il est prescrit au n° 26.

Au troisième commandement, l'instructeur, qui n'a pas fermé la ligne de *quarte* à l'engagement de l'homme, se laissera toucher.

Au quatrième commandement, l'homme se remettra en *garde* (31).

Observations générales.

45. L'instructeur veillera avec le plus grand

soin à ce que l'homme *se couvre* dans la ligne dans laquelle il déploie le bras avant de se fendre.

L'instructeur répétera l'exercice à plusieurs reprises, en se laissant toucher chaque fois ; lorsqu'il voudra le faire cesser, il fermera la ligne par une *parade*, qui consiste à détourner du corps, brusquement et sans l'accompagner, le fer de l'adversaire ; à l'enseignement simultané, après quelques exercices, l'instructeur se bornera à dire : l'instructeur *parera*.

46. La *parade* est dite de *quarte*, lorsqu'elle chasse l'épée de droite à gauche, comme dans cet exercice, et de *tierce*, lorsqu'elle chasse l'épée de gauche à droite.

47. Chaque fois que l'instructeur aura paré, il se laissera encore toucher par le coup droit, sans faire engager de nouveau ; à cet effet, il commandera :

1. En garde.
2. Déployez le bras.
3. Fendez-vous.
4. En garde.

48. Au premier commandement, l'homme, qui est fendu au moment de la parade de l'instructeur, se remettra *en garde* (3).

Au deuxième commandement, il déploiera le bras (26).

Au troisième commandement, il se fendra (30) et touchera l'instructeur.

Au quatrième commandement, il se remettra en garde (31).

Si l'homme, en se remettant en garde, ne se couvre pas, l'instructeur l'y obligera en déployant le bras sur lui au moment où il se relève.

49. Les observations comprises dans le n° 45 sont faites une fois pour toutes et s'appliqueront

à chacun des exercices de cette instruction, qui seront toujours terminés comme il est expliqué ci-dessus, n°s 47 et 48.

2e Exercice. = Coup droit sur un changement d'engagement.

50. L'instructeur étant engagé en *tierce*, commandera :

1. Engagez l'épée.
2. A mon changement d'engagement = déployez le bras.
3. Fendez-vous.
4. En garde.

Au premier commandement, engager l'épée (44).
Au deuxième commandement, l'instructeur, ayant soin, en changeant l'engagement, de *ne pas se couvrir*, l'homme déploiera le bras, comme il a été prescrit au n° 26.
Au troisième et au quatrième commandement, comme ci-dessus (30 et 31).
51. L'instructeur *parera* en se couvrant en tierce, au moment où l'homme se fendra sur lui.

3e Exercice. = Dégagement sur un changement d'engagement.

52. L'instructeur, étant engagé en *tierce*, commandera :

1. Engagez l'épée.
2. A mon changement d'engagement = dégagez.
3. Fendez-vous.
4. En garde.

Au premier commandement, engager l'épée (44).

Au deuxième commandement, l'instructeur, ayant soin, en changeant l'engagement, de se couvrir, l'homme *dégagera* ; à cet effet, baisser la pointe de l'épée, la passer par la ligne la plus courte sous l'épée de l'instructeur, en déployant le bras comme il a été prescrit au nº 26. Dans cette position, le poignet de l'homme doit être un peu à gauche, de manière qu'après s'être fendu (troisième mouvement), il couvre *la partie gauche du corps.*

Aux troisième et au quatrième commandements, comme ci-dessus (30, 31).

53. Pour *parer*, l'instructeur emploiera *la parade de quarte* (46).

4e *Exercice.* = Dégagement.

54. L'instructeur étant engagé en *tierce*, commandera :

1. Engagez l'épée.
2. Dégagez.
3. Fendez-vous.
4. En garde.

Au premier commandement, engager l'épée (44).

Au deuxième commandement, l'homme dégagera (52).

Pour lui faire comprendre le moment où le dégagement doit avoir lieu, l'instructeur l'en préviendra par une légère pression sur le fer.

Au troisième et quatrième commandement, comme ci-dessus (30, 31).

L'instructeur *parera* en prenant *un contre*, qui consiste à passer la pointe de son épée par la ligne la plus courte en dessous de celle de l'adversaire pour ramener son fer dans la ligne opposée dans laquelle il se trouve après le dégagement.

55. Le contre est dit *contre de quarte*, lorsque, comme dans cet exercice, on ramène le fer vers la gauche du corps, et *contre de tierce*, quand on ramène le fer vers la droite du corps.

5e *Exercice.* = DOUBLEMENT D'ÉPÉE.

56. Étant engagé en tierce, l'instructeur commandera :

1. ENGAGEZ L'ÉPÉE.
2. FEINTE DE DÉGAGEMENT.
3. JE PRENDS LE CONTRE DE QUARTE = TROMPEZ.
4. FENDEZ-VOUS.
5. EN GARDE.

Au premier commandement, engager l'épée (44).

Au deuxième commandement, faire, sans se fendre, un dégagement dont le but est de connaître la parade prise par l'instructeur ; ce dégagement, dans ce cas, est appelé *feinte*.

Au troisième commandement, l'instructeur ayant pris le *contre de quarte* (55) sur la *feinte*, l'homme le *trompera* par un dégagement, en passant par la ligne la plus courte par-dessous l'épée de l'instructeur.

Aux quatrième et cinquième commandements, comme ci-dessus (30, 31).

57. Pour parer, l'instructeur, après avoir pris le *contre de quarte* (55), fera une opposition, c'est-à-dire *se couvrira* au moment où l'homme se fendra sur lui ; cette *opposition* est dite de *tierce*, lorsque, comme dans cet exercice, on couvre la partie droite de son corps, et de *quarte*, lorsqu'on couvre la partie gauche du corps.

6e *Exercice.* = DOUBLEMENT ET DÉGAGEMENT.

58. Étant engagé en *tierce*, l'instructeur commandera :

1. ENGAGEZ L'ÉPÉE.
2. FEINTE DE DÉGAGEMENT.
3. JE PRENDS LE CONTRE DE QUARTE ET J'OPPOSE TIERCE = TROMPEZ ET DÉGAGEZ
4. FENDEZ-VOUS.
5. EN GARDE.

Au premier commandement, engager l'épée (44).

Au deuxième commandement, feinte de dégagement (56).

Au troisième commandement, l'instructeur, ayant pris le *contre de quarte* (55) sur la *feinte*, fait tromper ce contre par un dégagement, et, après avoir *opposé tierce* (57), fait tromper cette opposition par un deuxième dégagement.

Aux quatrième et cinquième commandements, comme ci-dessus (30, 31).

59. Pour parer, l'instructeur, après avoir *opposée tierce* (57), pourra prendre *contre de tierce* (55), ou parer *quarte* (46).

7e *Exercice.* = UNE, DEUX.

60. Étant engagé *en tierce*, l'instructeur commandera :

1. ENGAGEZ L'ÉPÉE.
2. FEINTE DE DÉGAGEMENT.
3. J'OPPOSE TIERCE = DÉGAGEZ.
4. FENDEZ-VOUS.
5. EN GARDE.

Au premier commandement, engager l'épée (44).

Au deuxième commandement, feinte de dégagement (56).

Au troisième commandement, l'instructeur ayant *opposé tierce* (57) sur la feinte, l'homme fera un deuxième dégagement.

Aux quatrième et cinquième commandements, comme ci-dessus (30, 31).

61. Pour parer, l'instructeur prendra après *l'opposition de tierce* (57), le contre de *tierce* (55).

8ᵉ *Exercice.* — UNE DEUX, TROMPEZ LE CONTRE.

62. Étant engagé *en tierce*, l'instructeur commandera :

1. ENGAGEZ L'ÉPÉE
2. FEINTE DE DÉGAGEMENT.
3. J'OPPOSE TIERCE ET JE PRENDS LE CONTRE DE TIERCE — DOUBLEZ.
4. FENDEZ-VOUS.
5. EN GARDE.

Au premier commandement, engager l'épée (44).

Au deuxième commandement, feinte de dégagement (56).

Au troisième commandement, l'instructeur *opposera tierce* (57) sur la feinte (56) de l'homme, ce dernier fera un deuxième dégagement ; l'instructeur prendra alors *contre de tierce* (55), et l'homme trompera ce contre (56).

Aux quatrième et cinquième commandements, comme ci-dessus (30, 31).

63. Pour parer, l'instructeur fera la *parade de quarte* (46), après avoir pris le *contre de tierce* (55).

9ᵉ *Exercice.* — UNE, DEUX, TROIS.

64. Étant engagé *en tierce*, l'instructeur commandera :

1. ENGAGEZ L'ÉPÉE.

2. Feinte de dégagement.
3. J'oppose tierce et quarte = faites une, deux.
4. Fendez-vous.
5. En garde.

Au premier commandement, engager l'épée (44).

Au deuxième commandement, feinte de dégagement (56).

Au troisième commandement, l'instructeur, *opposant tierce* (57) sur la feinte, l'homme fait un deuxième dégagement ; l'instructeur, *opposant quarte* (57), l'homme fait un troisième dégagement.

Aux quatrième et cinquième commandements, comme ci-dessus (30, 31).

65. L'instructeur parera en prenant après l'*opposition de quarte* (57), le *contre de quarte* (55), ou l'*opposition de tierce* (57).

Ligne de tierce.

66. L'instructeur fera exécuter les neuf exercices précédents dans la ligne de *tierce*, comme il vient d'être expliqué pour la ligne de *quarte*, en substituant chaque fois au mot *tierce* le mot *quarte*, et, réciproquement, au mot *quarte*, le mot *tierce*.

2° ATTAQUES DIVERSES.

Ligne de quarte.

1er *Exercice.* — Battements.

67. Étant engagé en tierce, l'instructeur commandera :

1. Engagez l'épée.
2. Battez.
3. Fendez-vous.
4. En garde.

Au premier commandement, engager l'épée (44).

Au deuxième commandement, l'homme *battra* légèrement et une fois le fer de l'instructeur, toujours de haut en bas, en frappant le faible de l'épée opposée du fort de la sienne, de manière à l'éloigner de la ligne, et déploiera le bras.

Au troisième et quatrième commandement, comme ci-dessus (30, 40).

68. L'instructeur laissera son épée à la position imprimée par le fer de l'homme, pour qu'il puisse toucher, et *parera*, en répondant par un *battement.*

2e *Exercice.* = Battements et dégagements.

69. Étant engagé en *tierce,* l'instructeur commandera :

1. Engagez l'épée.
2. Battez et dégagez.
3. Fendez-vous.
4. En garde.

Au premier commandement, engager l'épée (44).

Au deuxième commandement, l'homme *battra légèrement* et une fois le fer de l'instructeur, et dégagera (52) au moment où ce dernier répondra à son *battement.*

Aux troisième et quatrième commandements comme ci-dessus (30, 31).

70. L'instructeur, après avoir répondu au batment, *parera,* en opposant *tierce* (57) sur le dégagement de l'homme.

3e *Exercice.* = Battements et une, deux.

71. Étant engagé en *tierce*, l'instructeur commandera :

1. Engagez l'épée.
2. Battez et faites une, deux.
3. Fendez-vous.
4. En garde.

Au premier commandement, engager l'épée (44).

Au deuxième commandement, l'homme *battra* légèrement et une fois le fer de l'instructeur, qui répondra par un battement, et l'homme dégageant (52), l'instructeur *opposera tierce* (57) pour le faire dégager de nouveau.

Aux troisième et quatrième commandements, comme ci-dessus (30, 31).

72. L'instructeur parera après l'*opposition de tierce* (52) par un *contre de tierce* (55) ou par une parade de *quarte* (46).

4e *Exercice.* = Pressions d'épée.

73. Étant engagé *en tierce*, l'instructeur commandera :

1. Engagez l'épée.
2. Pressez l'épée.
3. Fendez-vous.
4. En garde.

Au premier commandement, engager l'épée (44).

Au deuxième commandement, l'homme pressera légèrement avec l'extrémité de son épée celle de l'instructeur et déploiera le bras.

Aux troisième et quatrième commandements, comme ci-dessus (30, 31).

74. L'instructeur laissera son épée à la position imprimée par la *pression* de l'homme pour qu'il puisse toucher et *parera* en répondant par une *pression*.

5e *Exercice.* = PRESSIONS ET DÉGAGEMENT.

75. Étant engagé en *tierce*, l'instructeur commandera :

1. ENGAGEZ L'ÉPÉE.
2. PRESSEZ ET DÉGAGEZ.
3. FENDEZ-VOUS.
4. EN GARDE.

Au premier commandement, engager l'épée (44).

Au deuxième commandement, l'homme *pressera* (73) légèrement le fer de l'instructeur avec l'extrémité de son épée, et dégagera (52) au moment où ce dernier ramènera son épée par une *pression* (73).

Aux troisième et quatrième commandements, comme ci-dessus (30, 31).

76. L'instructeur après avoir ramené le fer de l'homme par une *pression* (73), *parera* en prenant *contre de quarte* (55) sur le dégagement (52).

6e *Exercice.* = PRESSIONS ET DOUBLEMENT.

77. Étant engagé *en tierce*, l'instructeur commandera :

1. ENGAGEZ L'ÉPÉE.
2. PRESSEZ ET DOUBLEZ.
3. FENDEZ-VOUS.
4. EN GARDE.

Au premier commandement, engager l'épée (44).

Au deuxième commandement, l'homme *pressera* (73) légèrement et avec l'extrémité de son épée celle de l'instructeur qui répondra par une *pression*, l'homme dégageant (52) l'instructeur prendra le *contre de quarte* (55) et le fera tromper par un dégagement (56).

Aux troisième et quatrième commandements, comme ci-dessus (30, 31).

78. L'instructeur, après le *contre de quarte* (55), *parera* par une *opposition de tierce* (52).

Ligne de tierce.

79. L'instructeur fera exécuter les six derniers exercices dans la ligne de *tierce*, comme il vient d'être expliqué dans la ligne de *quarte*, en substituant le mot *quarte* au mot tierce et le mot *tierce* au mot quarte.

3e LEÇON.

OPPOSITIONS, PARADES ET RIPOSTES.

1° OPPOSITIONS ET PARADES.

80. Avant de commencer les oppositions et parades, l'instructeur apprendra aux hommes la division de l'épée, ainsi qu'il suit :

POINTE ou PARTIE FAIBLE = *l'extrémité de l'épée.*

TALON ou PARTIE FORTE = *la partie la plus rapprochée de la garde.*

MILIEU DE L'ÉPÉE = *la partie entre l'extrémité et le talon.*

Les oppositions et parades doivent toujours, comme les battements, se faire avec la partie *forte* de l'épée, et sur la partie *faible* ou extrémité de l'épée opposée.

L'instructeur veillera à ce que les hommes en formant les oppositions conservent la main le pouce en dessus, ce n'est que dans les parades que cette position varie ainsi que cela sera expliqué plus loin.

1er *Exercice.* = PARADE DE TIERCE.

81. Étant engagé en *quarte*, l'instructeur attaquera par un dégagement dans *la ligne de tierce* et commandera : (fig. 11.)

1. *Par la tierce* = PAREZ.

Tourner la paume de la main en dessous (*main de tierce*), l'épée suivant le mouvement de la main, la pointe à hauteur de l'œil, imprimer au poignet un mouvement de gauche à droite pour chasser brusquement, et sans l'accompagner, l'épée de l'instructeur vers la droite du corps, en ayant soin de ne faire agir que le poignet; l'instructeur commandera ensuite : EN GARDE.

Si l'instructeur veut faire parer le dégagement par l'opposition de tierce, il commandera (fig. 12) :

1. OPPOSEZ TIERCE.

A ce commandement *fermer* la ligne *de tierce* en se couvrant; si l'instructeur veut faire parer le dégagement par le *contre de quarte*, il commandera :

1. *Par le contre de quarte* = PAREZ.

Baisser la pointe de l'épée sans déranger le poignet, la passer par la ligne la plus courte en dessous de l'épée de l'instructeur, pour la ramener dans *la ligne de quarte.*

2e *Exercice.* = PARADE DE QUARTE.

82. Étant engagé *en tierce*, l'instructeur attaquera en dégageant dans la *ligne de quarte*, et commandera (fig. 13) :

1. *Par la quarte* = PAREZ.

A ce commandement, tourner les ongles en dessus, la main restant à la hauteur du teton, la pointe de l'épée à hauteur de l'œil, imprimer à son épée un mouvement de droite à gauche pour chasser brusquement, et sans *l'accompagner*, l'épée de l'instructeur vers la gauche du corps, en ayant soin de ne faire agir que le poignet. Si l'instructeur veut faire parer le dégagement par l'opposition de quarte, il commandera (fig. 14) :

1. Opposez quarte.

A ce commandement fermer la ligne de *quarte* en se couvrant. Si l'instructeur veut faire parer le dégagement par le *contre de tierce*, il commandera :

1. *Par le contre de tierce* = Parez.

Baisser la pointe de l'épée sans déranger le poignet, la passer par la ligne la plus courte en dessous de l'épée de l'instructeur pour la ramener dans la ligne de *tierce*.

3e *Exercice.* = Parade de demi-cercle.

83. Étant engagé en *tierce*, l'instructeur attaquera par un dégagement dans la *ligne basse* (37) vers la partie gauche du corps, et commandera (fig. 15) :

1. *Par le demi-cercle* = Parez.

A ce commandement, ramener la main droite à la position de la parade de quarte, les ongles en dessus, la pointe de l'épée basse, imprimer en même temps au poignet un mouvement de droite à gauche de manière à chasser brusquement, et *sans l'accompagner*, l'épée de l'instructeur vers la gauche du corps ;

L'instructeur commandera ensuite : EN GARDE (27).

84. Quand l'instructeur voudra faire exécuter cette parade étant engagé en *quarte*, il baissera sa pointe pour menacer la ligne basse (37), et commandera :

1. *Par le demi-cercle* = PAREZ.

Prendre la parade de *demi-cercle* comme ci-dessus, en tournant rapidement la main les ongles en dessus et faisant décrire à la pointe un demi-cercle, croiser l'épée de l'instructeur en la frappant sans l'*accompagner*.

4e *Exercice*. = PARADE DE SECONDE.

85. Étant engagé *en tierce*, l'instructeur menacera la ligne *basse* (37) du même côté, en baissant sa pointe, et commandera (fig. 16) :

1. *Par la seconde* = PAREZ.

A ce commandement tourner la main les ongles en dessous, baisser la pointe de l'épée, imprimer au poignet un mouvement de gauche à droite, de manière à croiser le fer de l'instructeur et à le ramener vers la partie droite du corps, en demeurant la pointe au corps ;

L'instructeur commandera ensuite : EN GARDE (27).

86. Lorsque les hommes seront bien affermis dans les principes des parades, et qu'ils les connaîtront chacune séparément, l'instructeur les fera réunir de la manière suivante :

1° SUR DEUX DÉGAGEMENTS.

Étant engagé *en quarte*, il commandera :

1 Opposez tierce et quarte (81, 82).
2. Opposez tierce et contre de tierce (81, 82).
3. Opposez tierce et seconde (81, 85).

Étant engagé *en tierce*, il commandera :

1. Opposez quarte et tierce (82, 81).
2. Opposez quarte et contre de quarte (82, 81).
3. Opposez quarte et demi-cercle (82, 84).

87. 2° SUR UN DOUBLEMENT.

Étant engagé en *quarte*, il commandera :

1. Contre de quarte et opposez tierce (81).
2. Contre de quarte et demi-cercle (81, 84).

Étant engagé *en tierce*, il commandera :

1. Contre de tierce et opposez quarte (82).

88. 3° SUR DES DOUBLEMENTS DANS DEUX LIGNES.

Étant engagé *en quarte*, l'instructeur commandera :

1. Contre de quarte et opposez tierce, contre de tierce et opposez quarte (81, 82).

Étant engagé *en tierce*, il commandera :

1. Contre de tierce et opposez quarte, contre de quarte et opposez tierce (81, 82).

89. 4° SUR DES UNE, DEUX, DANS DEUX LIGNES.

Étant engagé *en quarte*, l'instructeur commandera :

1. OPPOSEZ TIERCE ET CONTRE DE TIERCE, OPPOSEZ QUARTE ET CONTRE DE QUARTE (81, 82).

Étant engagé *en tierce*, il commandera :

1. OPPOSEZ QUARTE ET CONTRE DE QUARTE, OPPOSEZ TIERCE ET CONTRE DE TIERCE (82, 81).
2. OPPOSEZ QUARTE, CONTRE DE QUARTE, OPPOSEZ DEMI-CERCLE, QUARTE ET CONTRE DE QUARTE (81, 82, 84).

90. 5° SUR DES DOUBLEMENTS D'ÉPÉE.

Étant engagé *en quarte*, il commandera :

1. DEUX FOIS LE CONTRE DE QUARTE (82).

Étant engagé *en tierce*, il commandera :

1. DEUX FOIS CONTRE DE TIERCE (81).

2° PARADES ET RIPOSTES.

91. L'instructeur fera exécuter les exercices précédents du n° 81 au n° 90, ainsi qu'ils ont été prescrits, en terminant l'exécution de la *parade* par une *riposte* ou coup droit dans la direction où se trouve l'épée *après la parade*.

92. Lorsque l'instructeur verra l'homme bien affermi dans la pratique des parades et ripostes ci-dessus, il lui enseignera *à parer* et *à riposter* de pied ferme et de la manière suivante :

Ligne de quarte.

93. Étant engagé *en tierce*, et l'instructeur attaquant par un dégagement pour faire *parer* et *riposter*, il commandera :

1. Parez quarte et ripostez en dégageant (82, 52).
2. Parez quarte et ripostez par deux dégagements (82, 60).
3. Parez quarte et ripostez dessous (quarte basse) (82, 37).
4. Parez quarte et ripostez par un coupé (82).

94. A ce commandement, après *la parade de quarte*, l'homme, en n'agissant que du poignet, dégagera en passant son épée par la ligne la plus courte et par-dessus la pointe de l'épée de l'instructeur en allongeant le bras.

5. Parez quarte et ripostez en coupant et dégageant (82).

95. Exécuter ce qui a été prescrit n° 94, et dégager au moment où l'instructeur opposera *tierce*.

6. Prenez le contre de tierce et ripostez dans la ligne basse (82, 37).

96. A ce commandement, prendre le contre de *tierce* (82), et, afin de faciliter la riposte, enlever en même temps l'épée de l'instructeur par un léger battement.

7. Prenez le contre de tierce et ripostez dessus en tournant la main de tierce (82).
8. Prenez le contre de tierce et ripostez par la seconde (82, 85).

Ligne de tierce.

97. Étant engagé *en quarte*, et l'instructeur attaquant par un dégagement, pour faire *parer et riposter*, il commandera :

1. Opposez tierce et ripostez en dégageant (81, 52).
2. Opposez tierce et ripostez par deux dégagements (81, 60).
3. Opposez tierce et ripostez dans la ligne basse (81, 37).

98. A ce commandement, en *opposant tierce*, enlever le fer par un léger battement et riposter.

4. Opposez tierce et ripostez par un coupé (81, 94).
5. Opposez tierce et ripostez en coupant et dégageant (81, 95).
6. Prenez le contre de quarte et ripostez dans la ligne basse (quarte basse (81, 37).
7. Opposez tierce et ripostez dessus, en tournant la main de tierce (81).
8. Opposez tierce et ripostez par la seconde (81, 85).

4e LEÇON.

FROISSEMENTS, LIEMENTS, TEMPS, REPRISE.

1° FROISSEMENTS.

99. L'instructeur, étant engagé *en quarte*, et ayant le bras déployé (26), enseignera le froissement ; à cet effet, il commandera :

1. Froissez l'épée.

100. A ce commandement, déployer vivement le bras de toute sa longueur, en faisant glisser son épée le long de celle de l'instructeur, en appuyant fortement du poignet pour la chasser vers la gauche du corps et riposter.

101. L'instructeur étant engagé en *tierce*, et ayant le bras déployé, enseignera le froissement de la même manière qu'au numéro précédent, avec cette différence que son fer, au lieu d'être chassé vers la gauche du corps, le sera vers la droite.

2° LIEMENTS.

102. L'instructeur étant engagé *en quarte*, et ayant le bras déployé (26), enseignera le liement; à cet effet, il commandera :

1. Liez l'épée.

103. A ce commandement, prendre la parade de seconde (85), en passant par-dessus l'épée de l'instructeur, sans la quitter, et toucher en déployant le bras (26).

L'instructeur parera seconde (85).

104. L'instructeur, étant engagé *en tierce*, et ayant le bras déployé (26), enseignera le liement, et commandera :

1. Liez l'épée.

105. A ce commandement, prendre la parade de *demi-cercle* (84), et toucher en allongeant le bras sans quitter l'épée.

L'instructeur parera demi-cercle (84).

3° TEMPS.

106. L'instructeur, étant engagé *en quarte*, et

faisant une feinte sans *se couvrir*, dans la ligne *de tierce*, commandera :

1. Déployez le bras.
2. Fendez-vous.
3. En garde.

Au premier commandement, déployer le bras (26).

Aux deuxième et troisième commandements, comme ci-dessus (30, 31).

107. Il résulte de cet exercice que *le temps ne peut se saisir* que lorsqu'on ne se couvre pas en attaquant.

108. L'instructeur fera exécuter le même exercice en s'engageant *en tierce*.

4° REPRISE.

109. L'instructeur, étant engagé *en tierce*, commandera :

1. Dégagez.
2. Fendez-vous.

Après ce deuxième commandement, l'instructeur ayant *paré quarte* (81) et n'ayant pas riposté, retirer le bras en arrière, pour chasser le fer vers la gauche du corps, déployer (26) le bras de nouveau et toucher.

110. Il résulte de là que *la reprise ne peut avoir lieu*, lorsque la riposte suit immédiatement la parade.

111. La reprise étant exécutée, l'instructeur commandera :

3. En garde.

A ce commandement, se remettre *en garde* (31).

5e LEÇON.

SALUT DANS LES ARMES ET MUR.

1° SALUT DANS LES ARMES.

112. L'instructeur, après avoir fait *rassembler en avant* (23) ou *en arrière* (24), commandera :

1° Saluez.
Un.
Deux.
Trois.

Au commandement de *un* (fig. 17), raccourcir le bras droit, porter la main vis-à-vis et à hauteur de l'épaule gauche, les ongles en dessus, l'épée suivant le mouvement de la main, la tête tournée vers la gauche.

Au commandement de *deux* (fig. 18), tourner la main les ongles en dessous, porter le bras étendu horizontalement à droite, la main à hauteur de l'épaule, l'épée suivant le mouvement de la main, la tête tournée vers la droite.

Au commandement de *trois*, revenir à la même position qu'au commandement de *rassemblez en avant* ou *en arrière*.

113. 2° Saluez devant vous.
Un.
Deux.

Au commandement de *un* (fig. 19), raccourcir le bras, le coude joint au corps, porter la main vis-à-vis le milieu de la poitrine, le pouce à hauteur du menton, les ongles tournés vers le corps, l'épée verticale.

Au commandement de *deux* (fig. 20), baisser la lame en étendant le bras de manière que la main droite soit placée, les ongles en dessus, à côté de la cuisse droite.

2° MUR.

114. L'homme et l'instructeur étant dans la position du premier mouvement *de la mise en garde* (10), l'instructeur commandera et exécutera également en même temps :

1. **Descendez la main droite de tierce et élevez le bras gauche.**
2. **Fléchissez.**
3. **Avancez le pied.**
4. **Rassemblez en arrière.**

Au premier commandement, placer la main droite à la position de la parade de *tierce* (81), et le bras gauche à la position de la garde (12).

Aux deuxième et troisième commandements, comme à la mise en garde (13, 14).

Au quatrième commandement, rassembler en arrière (24).

115. L'instructeur commandera sans exécuter :

5. **Fendez-vous.**
6. **Relevez-vous.**

Au cinquième commandement, se fendre (30).

Au sixième commandement, se relever entièrement en rapportant le talon droit contre le talon gauche, la main droite comme au *premier mouvement de la mise en garde* (10).

116. L'instructeur commandera et exécutera :

7. **Saluez.**
8. **En garde.**

Au septième commandement, saluer comme au n° 112.

Au huitième commandement, se mettre en garde (du n° 10 au n° 14).

117. Les épées étant engagées *en quarte*, l'instructeur commandera :

1. Dégagez.

A ce commandement, l'homme dégagera (52), l'instructeur parera tierce (81), chassera en arrière par un froissement l'épée de l'homme, qui tournera en même temps la main de tierce (81), et serrera à peine la poignée de son épée pour faciliter l'exécution du mouvement.

118. Après la parade de *tierce*, l'instructeur placera son épée dans la position de la parade de seconde (85).

2. En garde.

A ce commandement reprendre la garde (27).

119. Les épées se trouvant alors engagées *en tierce*, l'instructeur commandera :

3. Dégagez.

A ce commandement, l'homme dégagera (52), l'instructeur parera *quarte* (82), et chassera en arrière, par un froissement, l'épée de l'homme, qui serrera à peine la poignée de son épée, pour faciliter l'exécution de ce mouvement.

120. L'instructeur, après la parade de *quarte*, placera son épée dans la position de la parade de *demi-cercle* (83).

4. En garde.

A ce commandement, reprendre la garde (27).

121. L'instructeur fera exécuter à plusieurs reprises ces dégagements dans les deux lignes ;

lorsqu'il voudra faire cesser, il commandera, dans la *ligne de quarte* :

1. FAITES UNE, DEUX, RASSEMBLEZ EN AVANT.
2. DESCENDEZ LA MAIN DE TIERCE EN ÉLEVANT LE BRAS GAUCHE.
3. ECHAPPEZ EN ARRIÈRE.
4. DEUX APPELS.
5. RASSEMBLEZ EN ARRIÈRE.

Au premier commandement, faire une, deux, comme il a été expliqué n° 60, et rassembler en avant (23).

L'instructeur parera *tierce* (81).

Au deuxième commandement, tourner la main droite à la position de la *parade de tierce* (81), et le bras gauche à la position de la garde (12).

Au troisième commandement, se mettre en garde en portant le pied gauche en arrière.

Aux quatrième et cinquième commandements, comme ci-dessus (21, 24), et l'instructeur les exécutera en même temps que l'homme.

122. L'instructeur exécutera ensuite seul les mouvements suivants, ainsi qu'ils viennent d'être expliqués :

1. FENDEZ-VOUS (115).
2. RELEVEZ-VOUS (115).

Et il exécutera en même temps que l'homme à qui il commandera :

3. SALUEZ (112).
4. EN GARDE (du n° 10 au n° 14).

123. Étant engagé en *quarte*, l'instructeur passera le dégagement, et commandera :

1. PAREZ PAR LA TIERCE.

A ce commandement, parer comme il a été expliqué pour l'instructeur au n° 117.

124. Etant engagé en *tierce*, l'instructeur passera le dégagement et commandera :

2. Parez par la quarte.

A ce commandement, parer comme il a été expliqué pour l'instructeur au n° 119.

Et il continuera ainsi plusieurs fois de suite.

125. Lorsqu'il voudra faire cesser, il exécutera seul les mouvements suivants, ainsi qu'ils ont été expliqués (121).

1. Faites une, deux, rassemblez en avant (60, 23).
2. Descendez la main de tierce et élevez le bras gauche (81, 12).
3. Echappez en arrière (121).

Et en même temps que l'homme, à qui il commandera :

4. Deux appels. (21).
5. Rassemblez en arrière (24).

126. Pour terminer le mur, l'instructeur commandera et exécutera :

1. Descendez la main droite de tierce et élevez le bras gauche (114).
2. Echappez en arrière (121).
3. Deux appels (21).
4. Saluez (112).
5. Rassemblez en avant (23).
6. Saluez devant vous (113).

Le Ministre de la guerre à MM. les Généraux commandant les divisions territoriales et actives; les Intendants des divisions territoriales et actives; les Chefs de corps de toutes armes. (Direction générale du Personnel; 1er Bureau, États-majors, Écoles militaires, etc.) (1).

Versailles, le 23 mai 1872.

(*Envoi du règlement provisoire pour l'organisation de l'enseignement gratuit et obligatoire de l'escrime dans l'armée.*)

Messieurs, l'enseignement de l'escrime obligatoire et gratuit devra être organisé, sans délai, dans tous les corps de l'armée, conformément aux dispositions du règlement provisoire ci-joint, approuvé le 28 avril dernier, et dont j'adresse directement à chacun de vous un certain nombre d'exemplaires, savoir :

3 à MM. les Généraux commandant les divisions territoriales et actives, plus un nombre suffisant pour l'envoi de 2 exemplaires aux Officiers généraux commandant les subdivisions;

3 à MM. les Intendants militaires des divisions territoriales et actives, plus un nombre suffisant pour l'envoi de 2 exemplaires aux fonctionnaires de l'Intendance placés sous leurs ordres;

120 à MM. les Colonels des régiments de toutes armes;

60 à MM. les Commandants des bataillons ou escadrons formant corps;

---

(1) *Journal militaire officiel*, n° 28 de 1872, p. 599.

12 à MM. les Commandants de compagnies ou sections formant corps.

En exécution de la décision présidentielle du 19 novembre 1871, les dépenses de l'escrime ne doivent plus être mises à la charge de la masse générale d'entretien. En conséquence, un crédit spécial a été affecté au service de l'escrime et inscrit au budget de 1872 à l'article 11 du chapitre 14. Toutefois, pour éviter la multiplicité des mandats qu'exigeraient les paiements à faire, chaque mois, au personnel enseignant, et les dépenses courantes d'achat et d'entretien du matériel, les corps feront provisoirement l'avance de ces dépenses sur les fonds de leur masse générale d'entretien, et ils en seront remboursés à la fin de chaque année sur les fonds de l'article précité par les soins des fonctionnaires de l'Intendance. Si, dans quelques corps, l'avance des dépenses de toute une année ne pouvait être faite sur les fonds de la masse générale d'entretien ou sur tout autre fonds, les remboursements auraient lieu au fur et à mesure des besoins.

Le tableau A, annexé au règlement ci-joint, détermine la composition du matériel des salles d'escrime; le tableau B fait connaître, d'un autre côté, la somme allouée par le budget pour le service de l'escrime dans chaque corps de l'armée et la répartition de cette somme pour le personnel et pour le matériel. Ces fixations, en ce qui concerne les gratifications et le matériel, sont des fixations maxima qu'on s'efforcera de ne pas atteindre et qu'on ne pourra en aucun cas dépasser sans autorisation ministérielle; la somme allouée pour les gratifications doit être exclusivement affectée à récompenser le zèle du personnel enseignant.

Dès la réception dudit règlement, les corps auront à organiser leur personnel et leur matériel au complet fixé par les tableaux A et B; dans quelques corps, la dépense à faire pour porter le matériel au complet réglementaire excédera l'allocation attribuée au matériel; en ce cas, tout achat excédant cette fixation devra être ajourné, et ces corps, par le seul fait de cette insuffisance de ressources, sont autorisés à affecter au matériel, et jusqu'à due concurrence, les économies réalisées sur le personnel. Aucun crédit n'ayant été alloué pour les achats de première mise d'escrime, j'aviserai en fin d'exercice à affecter à ces achats complémentaires de matériel d'escrime les crédits qui resteraient disponibles sur les divers services des écoles militaires. En conséquence, les corps qui, au 1er novembre prochain, ne seraient pas parvenus à compléter leur matériel, m'adresseront par l'intermédiaire des fonctionnaires de l'Intendance un état des sommes qui leur seraient strictement nécessaires pour mettre ce matériel au complet.

J'invite MM. les Intendants militaires à provoquer de la part des fonctionnaires de l'Intendance et à exercer eux-mêmes, sur toutes les dépenses de l'escrime, une surveillance d'autant plus grande qu'elles ne sont plus à la charge de la masse générale d'entretien des corps, et que ceux-ci sont en quelque sorte désintéressés dans cette question de dépense.

Je recommande spécialement à MM. les Intendants et à MM. les Chefs de corps de veiller à ce que les opérations de reprise et d'acquisition de matériel en service ou neuf, prescrites par le paragraphe 5 dudit règlement, soient faites avec le plus grand soin; les procès-verbaux établis à la suite de ces opérations devront m'être transmis par les Intendants militaires dans le plus bref délai, et au plus tard le 30 juin prochain.

En m'accusant réception des exemplaires qui leur sont attribués, MM. les Chefs de corps m'adresseront directement : 1° une situation faisant connaître les noms et les grades de l'officier supérieur chargé de la surveillance générale de l'escrime, du capitaine en second ou lieutenant chargé de la salle d'escrime et du personnel enseignant ; 2° une situation dans la forme du tableau B des dépenses de l'escrime effectuées dans leur corps depuis le 1er janvier 1872.

J'attache une grande importance à ce que l'escrime soit largement propagée dans l'armée ; j'attends le concours le plus sérieux de la part de MM. les Officiers généraux et les Chefs de corps pour donner une impulsion nouvelle à cet enseignement, et j'espère pouvoir constater déjà aux inspections générales prochaines les dispositions prises et les efforts faits pour seconder mes intentions à ce sujet.

Recevez, etc.

Le Ministre de la guerre,
Signé : Gal E. DE CISSEY.

Règlement provisoire pour l'organisation de l'enseignement gratuit et obligatoire de l'escrime dans l'armée. (Approuvé par le Ministre de la guerre le 28 avril 1872.)

Versailles, le 28 avril 1872.

§ 1er. DISPOSITIONS GÉNÉRALES.

RÉGLEMENTATION ET RÉMUNÉRATION DU PERSONNEL ENSEIGNANT.

L'enseignement de l'escrime, rendu obligatoire et gratuit par la décision impériale du 27 décembre 1869, sera désormais réglé au tableau du service journalier par compagnie, escadron ou batterie, pour les soldats appelés à suivre cet enseignement, au lieu d'être donné indistinctement lorsque les hommes se présentent aux salles d'escrime.

Les capitaines commandants et les officiers sous leurs ordres seront dès lors responsables de l'exécution des mesures prescrites, et pourront, en suivant l'instruction de leurs hommes, développer chez eux le goût de l'escrime.

Un des officiers supérieurs du corps sera chargé de la surveillance générale du service. Chaque chef de corps fera connaître au Ministre le nom de l'officier supérieur qu'il aura désigné, ainsi que les mutations qui pourraient être opérées.

L'enseignement continuera d'ailleurs à être donné par un sous-officier maître d'escrime secondé par des adjoints, dont l'un sera caporal ou brigadier, brevetés maîtres ou prévôts, et subsidiairement par des élèves prévôts.

Ces instructeurs toucheront, en sus de leur

solde, sur les fonds du chapitre XIV, article 11, du budget, une rémunération mensuelle variable suivant les emplois, conformément au tableau B ci-annexé; ils pourront en outre recevoir en fin d'année des gratifications, qui seront réparties par l'inspecteur général, sur la proposition du chef de corps, suivant les services rendus, en restant dans les limites de la somme laissée à cet effet à sa disposition.

Le nombre des instructeurs ayant droit aux rémunérations ci-dessus est limité ainsi qu'il suit, suivant les corps :

1° LÉGIONS DE GARDE RÉPUBLICAINE.

1 sergent maître d'escrime ;
1 brigadier maître (breveté maître ou prévôt) ;
8 prévôts (brevetés autant que possible).

2° LÉGION DE GENDARMERIE MOBILE.

1 sergent maître d'escrime ;
4 prévôts (brevetés autant que possible, maîtres ou prévôts).

3° RÉGIMENTS DE TROUPES A PIED.

1 sergent maître d'escrime ;
1 caporal maître adjoint (breveté maître ou prévôt) ;
4 prévôts (brevetés autant que possible) ;
3 élèves prévôts.

4° BATAILLONS DE CHASSEURS A PIED.

1 sergent maître d'escrime ;
2 prévôts (brevetés, autant que possible, maîtres ou prévôts) ;
1 élève prévôt.

5° RÉGIMENTS DE CAVALERIE.

1 maréchal des logis maître d'escrime;
1 brigadier maître adjoint. } brevetés comme
2 prévôts . . . . } ci-dessus;
3 ou 4 élèves prévôts (suivant que le nombre d'escadrons sera de 5 ou de 6).

6° RÉGIMENTS D'ARTILLERIE, DU TRAIN D'ARTILLERIE ET DU TRAIN DES ÉQUIPAGES.

1 maréchal des logis maître d'escrime;
1 brigadier maître adjoint. } brevetés comme
3 prévôts . . . . } ci-dessus.
3 ou 4 élèves prévôts (suivant les effectifs).

7° ESCADRON DU TRAIN DES ÉQUIPAGES (EX-GARDE).

1 maréchal des logis premier maître;
1 brigadier maître adjoint;
2 prévôts;
2 élèves prévôts.

8° COMPAGNIES ET SECTIONS CONSTITUÉES FORMANT CORPS.

1 prévôt;
1 élève prévôt.

Les instructeurs auxiliaires remplaçant les titulaires toucheront, pendant la durée de l'absence de ceux-ci, l'indemnité correspondante à l'emploi.

Tous les instructeurs d'escrime seront, pendant leur service, placés sous les ordres d'un officier du grade de capitaine en 2e ou de lieutenant, qui sera chargé de la direction spéciale de la salle d'escrime et de l'établissement des états de proposition nominatifs pour les rémunérations mensuelles.

Les maîtres adjoints et les prévôts en pied seront dispensés du service de garde.

A l'intérieur et en Algérie, le sous-officier premier maître d'escrime suivra les bataillons ou escadrons actifs, et le maître adjoint restera au dépôt. En cas de guerre seulement, le premier maître sera laissé au dépôt avec le nombre de prévôts et d'élèves prévôts jugé nécessaire; le maître adjoint marchera avec la portion du corps mobilisée.

§ 2. DISPOSITIONS RELATIVES

AU MODE ET A L'OBLIGATION DE L'ENSEIGNEMENT.

L'enseignement de l'escrime comprend l'escrime à l'épée ou à la pointe, et l'escrime au sabre ou contre-pointe.

TROUPES A PIED.

Dans les corps de troupes à pied, on enseignera spécialement l'escrime à l'epée; l'escrime au sabre ne sera qu'accessoire et facultatif.

L'enseignement de l'escrime à l'épée se divisera en deux parties : *l'enseignement préparatoire et l'enseignement supérieur ou de perfectionnement.*

Ce dernier sera facultatif, sauf toutefois *pour les candidats au grade de sous-officier, qui devront tous être mis en mesure de faire assaut.* Il sera donné d'ailleurs à tous les hommes qui le désireraient et seraient susceptibles de se perfectionner dans le maniement du fleuret.

On suivra, pour l'enseignement préparatoire de

l'escrime à l'épée, l'instruction publiée en 1866 par ordre du Ministre de la guerre.

Les exercices compris dans la première partie de cette instruction pouvant être démontrés à plusieurs hommes en même temps, et au besoin dans les cours, on arrivera, malgré le nombre restreint des instructeurs, à préparer rapidement tous les jeunes soldats aux leçons plus avancées.

L'instruction commencera pour les jeunes soldats dès qu'ils passeront au bataillon.

Le nombre des leçons à consacrer à l'enseignement préparatoire n'est pas limité; les jeunes soldats suivront cet enseignement jusqu'à ce qu'ils soient suffisamment instruits. A cet effet, il y aura tous les trois mois des examens à la suite desquels l'officier chargé de la salle d'escrime dressera l'état des hommes qui pourront cesser de prendre leçon, et désignera ceux d'entre eux qui seront admis à recevoir l'enseignement supérieur.

La durée de chaque leçon sera de dix minutes à un quart d'heure.

Dans chaque compagnie, les hommes appelés à prendre leçon seront inscrits sur un contrôle spécial.

L'emploi du temps fixera par jour l'heure (1) assignée aux diverses compagnies, qui devront se succéder à la salle d'armes, de manière que chaque compagnie puisse y aller au moins trois fois par semaine, sans entraver les autres exercices.

---

(1) Quarante-cinq minutes à une heure suffisent pour donner leçon à vingt-quatre hommes. Ce nombre ne sera pas atteint par la portion des hommes portés sur le contrôle d'une compagnie, qui sera journellement disponible.

Les hommes portés sur les contrôles [illegible] conduits à la salle d'armes par le [illegible] semaine, qui marquera les absents et [illegible] l'officier de semaine un compte scrupuleux [illegible] motifs d'absence.

En ce qui est des anciens soldats, il y [illegible] chaque année, après la rentrée des semestriers [illegible] consacrer aux hommes de chaque [illegible] dispensés par le chef de corps, [illegible] leçons destinées à leur faire repasser [illegible] de l'escrime.

Pendant ce temps, l'instruction des jeunes [illegible] dats sera momentanément suspendue.

Le chef de corps réglera aussi les [illegible] leçons de perfectionnement auxquelles les [illegible] officiers et les autres élèves admis à [illegible] rendront individuellement.

On portera sur le livret des hommes [illegible] pour les autres exercices, leur degré [illegible] en escrime.

TROUPES A CHEVAL.

Dans les corps de troupes à cheval [illegible] concurremment l'enseignement de l'escrime [illegible] pointe et celui de l'escrime à la contre-[illegible] conformément aux dispositions de la [illegible] ministérielle du 15 novembre 186[illegible]

En conséquence, l'enseignement [illegible] auquel tous les jeunes soldats seront [illegible] comprendra :

1° *Pour la pointe*, les deux parties de [illegible] tion ministérielle de 1866 ;

2° *Pour la contre-pointe*, [illegible] progression indiquée dans la [illegible] 1866.

L'instruction commencera pour les jeunes [illegible]

dats dès qu'ils passeront à l'école de l'escadron à pied.

Les chefs de corps se conformeront d'ailleurs, pour la réglementation de cet enseignement, ainsi que pour l'enseignement supérieur, à toutes les dispositions prescrites ci-dessus pour les troupes à pied, en les appropriant aux éléments constitutifs de leur troupe.

§ 3. DÉLIVRANCE DES BREVETS DE MAITRE ET DE PRÉVOT.

Des brevets de maître et de prévôt d'escrime continueront à être délivrés dans les corps à la suite d'assauts publics.

Mais, dans le but de donner des garanties plus complètes pour la direction de l'enseignement, sous le double rapport du degré d'avancement et de l'uniformité de la méthode, les premiers maîtres d'escrime des corps ne pourront désormais être choisis que parmi les militaires qui auront obtenu, à titre de confirmation, un brevet spécial de maître à l'école normale de gymnastique.

A cet effet, MM. les inspecteurs généraux seront autorisés à proposer chaque année, suivant les besoins présumés de premiers maîtres, un certain nombre de caporaux ou de soldats brevetés maîtres dans les corps, pour être envoyés à l'école normale de gymnastique, afin de concourir pour le brevet spécial dont il s'agit; ils rentreront au corps immédiatement après le concours.

§ 4. MATÉRIEL D'ENSEIGNEMENT.

Le matériel nécessaire pour donner aux jeunes soldats l'instruction préparatoire, et pour suffire en même temps à l'instruction perfectionnée, est déterminé pour chaque corps par le tableau A ci-annexé.

§ 5. DÉPENSES CONCERNANT LE MATÉRIEL ET LE PERSONNEL D'ENSEIGNEMENT.

Le matériel d'enseignement, déterminé par le tableau A ci-annexé, sera constitué comme il suit :

1° Par la reprise du matériel dont les salles ont été pourvues en vertu de la circulaire ministérielle du 26 octobre 1824, et que les maîtres d'escrime auxquels il a été confié devront remettre en bon état ;

2° Par l'acquisition, sur évaluation contradictoire, du matériel appartenant en propre aux maîtres d'escrime et reconnu en bon état, au cas où ceux-ci voudraient le céder ;

3° Par l'achat direct des objets qui seraient nécessaires pour compléter les collections. Un procès-verbal, établi par le sous-intendant militaire, constatera les résultats des deux premières opérations, et fera ressortir l'espèce, le nombre et la valeur des objets auxquels elles se rapportent.

Les dépenses d'achat de matériel, ainsi que celles du personnel, seront payées provisoirement sur le fonds de la masse générale d'entretien, et elles seront remboursées aux corps, à la fin de chaque année, sur le budget de l'escrime, par les soins des fonctionnaires de l'intendance.

Il en sera de même pour les dépenses d'entretien, qui ne devront pas, à moins d'une autorisation spéciale du Ministre, sortir des limites fixées par le tableau B ci-annexé.

L'entretien sera assuré jusqu'à nouvel ordre

par voie d'économie et par les soins des conseils d'administration.

Le tableau B fait ressortir, tant pour le personnel que pour le matériel, la répartition de la dépense totale, à laquelle devront être limités, suivant les corps, les frais de l'enseignement de l'escrime.

Les tarifs indiqués dans ce tableau seront appliqués immédiatement.

Le Ministre de la guerre à MM. les Généraux commandant les divisions et subdivisions territoriales et actives; les Fonctionnaires de l'Intendance; les Chefs de corps de toutes armes. **(Direction générale du Personnel, 1er bureau, Etats-majors, Ecoles militaires, etc.) (1).**

Versailles, le 7 décembre 1872.

(Modifications au règlement provisoire du 28 avril 1872 sur l'enseignement de l'escrime dans l'armée.)

Messieurs, les développements à donner à l'enseignement de l'escrime nécessitent une augmentation du matériel et du personnel enseignant, afin que chaque compagnie, escadron ou batterie, en cas de séparation de la portion principale, soit pourvue d'un maître spécial et du matériel nécessaire à ses exercices.

---

(1) *Journal militaire officiel*, n° 69 de 1872, p. 849.

J'ai reconnu également l'utilité d'améliorer la position des maîtres d'escrime alors qu'on demande à leur zèle un surcroît de travail, et j'ai institué, dans ce but, deux hautes payes qui seront accordées à la moitié d'entre eux, savoir : une haute paye de 12 fr. aux 3/8 de l'effectif des maîtres d'armes, et une haute paye de 30 fr. (soit un complément de 18 fr. ajoutés aux premiers 12 fr.) à 1/8 de cet effectif. Ces deux hautes payes seront accordées sur la proposition de MM. les Inspecteurs généraux. Les concessions ne seront faites qu'après quatre ans de service dans les fonctions de maître d'escrime.

Transitoirement, et pour les premières concessions, les services antérieurs seront comptés ainsi qu'il suit : les maîtres ayant quatre ans et plus de service pourront être proposés immédiatement pour la première haute paye de 12 fr ; ceux qui auront obtenu cette haute paye et qui, dans un délai de deux ans, pourront invoquer huit ans et plus de service, pourront obtenir la seconde haute paye dans ce délai exceptionnel de deux ans au lieu de quatre, en raison des services antérieurs.

Les diverses augmentations énumérées plus haut auraient exigé un supplément important de crédit qui ne peut être obtenu en ce moment. La nécessité de faire face aux besoins du service en se renfermant dans la limite des crédits législatifs, m'a obligé à réduire provisoirement les indemnités attribuées aux prévôts et à supprimer la rémunération accordée aux élèves prévôts, auxquels on réservera, jusqu'à nouvel ordre, la moitié de l'allocation à répartir en gratifications par MM. les Inspecteurs généraux.

Les nouveaux tableaux A et B, portés à la suite

de la présente circulaire et présentant d'une manière synoptique les diverses augmentations ou modifications mentionnées ci-dessus, devront être substitués à ceux du règlement provisoire du 28 avril dernier.

Le supplément de matériel qu'entraînent les fixations du tableau A sera fourni aux corps directement par les soins de M. l'intendant militaire de la 1re division, à la suite d'une adjudication qui va être passée à Paris pour la fourniture de ce matériel.

Les nouvelles fixations relatives au personnel, comprises dans le tableau B, seront mises en vigueur à partir du 1er janvier 1873.

Recevez, etc.

Le Ministre de la guerre,
Signé : Gal E. DE CISSEY.

TABLEAU A.

DÉSIGNATION DES CORPS.	FLEURETS MONTÉS.	LAMES de RECHANGE.	MASQUES pour LA POINTE.	GANTS. (Unités.)	PLASTRONS.	PAIRES de SANDALES.	SABRES en BOIS.	MASQUES de CONTRE-POINTE.
Légions de la garde républicaine. . . .	120	60	44	44	22	44	24	12
Légion de gendarmerie mobile.	120	60	30	30	18	30	24	12
Régiments d'infanterie de ligne, de zouaves, de tirailleurs et du génie. .	120	60	40	40	20	40	12	12
Bataillons de chasseurs à pied.	50	25	18	18	10	18	4	4
Régiments de cavalerie.	60	30	18	18	10	18	24	12
Régiments d'artillerie, du train d'artillerie, des équipages militaires. . . .	100	50	28	28	14	28	24	12
Escadron du train des équipages (ex-garde).	50	25	16	16	8	16	24	12
Compagnies d'ouvriers d'artillerie, d'artificiers et d'ouvriers constructeurs des équipages militaires.	12	6	4	4	2	4	»	»

TABLEAU DE RÉPARTITION DES DÉPENSES RELATIVES A L'ENSEIGNEMENT DE L'ESCRIME. TABLEAU B.

DÉSIGNATION DES CORPS.	INDEMNITÉS MENSUELLES. (*Tarif maximum.*) PREMIERS MAITRES.	CAPORAL ou brigadier maître-adjoint.	PRÉVÔT.	ÉLÈVES PRÉVÔTS n'ayant droit qu'à des gratifications.	GRATIFICATIONS à répartir par l'inspecteur général.	FRAIS D'ACHAT et d'entretien du matériel.	TOTAL PAR CORPS et par an.	SUPPLÉMENT DE HAUTE PAYE, 2e classe. Nombre de maîtres admis.	SUPPLÉMENT DE HAUTE PAYE, 2e classe. Montant de la haute paye.	SUPPLÉMENT DE HAUTE PAYE, 1re classe. Nombre de maîtres admis.	SUPPLÉMENT DE HAUTE PAYE, 1re classe. Montant de la haute paye.
	Maître. Par mois.	Maître. Par mois.	Maître. Par mois.						Par mois.		Par mois.
Légions de la garde républicaine. Par an	1 à 30f 360f	1 à 15f 180f	12 à 6f 864f	8	350f	550f	2,304f				
Légion de gendarmerie mobile. Par an	1 à 30f 360f	» »	6 à 6f 432f	4	150f	400f	1,342f	1	12f	1	30f
Escadron du train des équipages (ex-garde) Par an	1 à 30f 360f	1 à 15f 180f	2 à 6f 144f	3	456f	280f	1,420f				
Régiments d'infanterie de ligne, de zouaves, de tirailleurs et du génie. Par an	1 à 30f 360f	1 à 15f 180f	6 à 6f 432f	12	231f	550f	1,753f	52	12f	47	30f
Bataillons de chasseurs à pied. Par an	1 à 25f 300f	» »	3 à 6f 216f	5	120f	280f	916f	11	12f	4	30f
Régiments de cavalerie. Par an	1 à 30f 360f	1 à 15f 180f	2 à 6f 144f	4	178f	360f	1,222f	25	12f	8	30f
Régiments d'artillerie, train d'artillerie, train des équipages. Par an	1 à 30f 360f	1 à 15f 180f	4 à 6f 288f	8	220f	400f	1,448f	13	12f	5	30f
Compagnies d'ouvriers d'artillerie, d'artificiers et d'ouvriers constructeurs des équipages militaires. Par an	» »	» »	1 à 6f 72f	1	33f	55f	160f	»	»	»	»

Le texte du règlement provisoire devra être mis en rapport avec les nouvelles fixations.

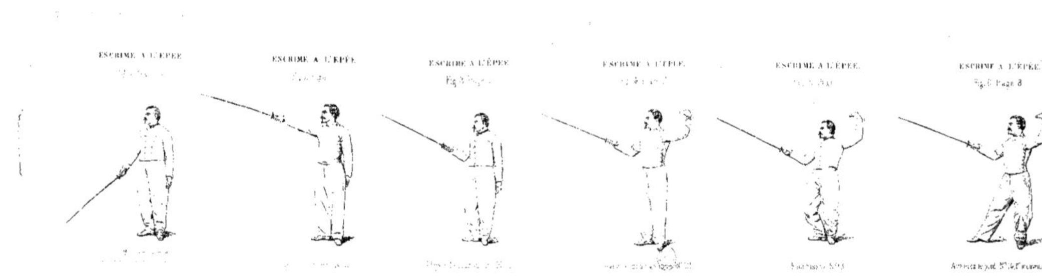
ESCRIME A L'ÉPÉE
ESCRIME A L'ÉPÉE
ESCRIME A L'ÉPÉE
ESCRIME A L'ÉPÉE
ESCRIME A L'ÉPÉE
ESCRIME A L'ÉPÉE
Fig. 6 Page 8

ESCRIME A L'ÉPÉE.
ESCRIME A L'ÉPÉE.
Effacez le bras N° 26
ESCRIME A L'ÉPÉE.
Se fendre N° 30
ESCRIME A L'ÉPÉE.
Définition des lignes N° 27
ESCRIME A L'ÉPÉE.
Parade de terre N° 61.

ESCRIME A L'ÉPÉE
ESCRIME A L'ÉPÉE
ESCRIME A L'ÉPÉE
ESCRIME A L'ÉPÉE

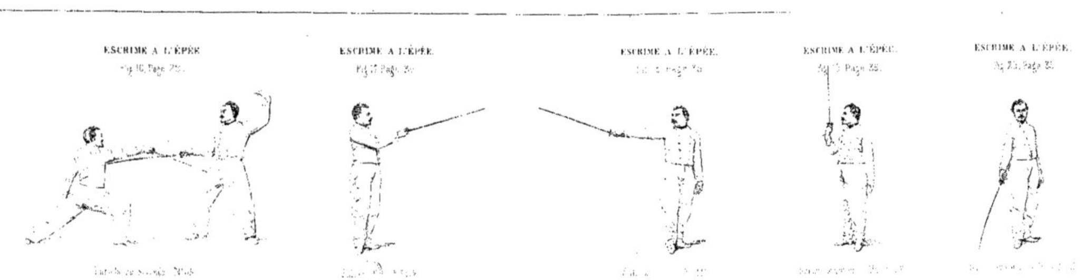
ESCRIME A L'ÉPÉE
ESCRIME A L'ÉPÉE
ESCRIME A L'ÉPÉE
ESCRIME A L'ÉPÉE
ESCRIME A L'ÉPÉE

PARIS. — IMPRIM. DE J. DUMAINE, RUE CHRISTINE, 2.

www.ingramcontent.com/pod-product-compliance
Ingram Content Group UK Ltd.
Pitfield, Milton Keynes, MK11 3LW, UK
UKHW020324220726
13923UKWH00003B/1362